Unia Genosis

ROSEN-KRIEG - Zweiundzwanzigster Band

Unia Genosis

ROSEN-KRIEG - Zweiundzwanzigster Band

"war of the roses" / "guerre des roses"

Goldene Rakete Verlag für Belletristik

Imprint
Any brand names and product names mentioned in this book are subject to trademark, brand or patent protection and are trademarks or registered trademarks of their respective holders. The use of brand names, product names, common names, trade names, product descriptions etc. even without a particular marking in this work is in no way to be construed to mean that such names may be regarded as unrestricted in respect of trademark and brand protection legislation and could thus be used by anyone.

Cover image: www.ingimage.com

Publisher:
Goldene Rakete Verlag für Belletristik
is a trademark of
International Book Market Service Ltd., member of OmniScriptum Publishing Group
17 Meldrum Street, Beau Bassin 71504, Mauritius
Printed at: see last page
ISBN: 978-620-0-51972-6

Inhaltsverzeichnis:

I. **Ausgleichsanspruch:**

1. Schreiben der Kanzlei „Wohlsein“ an die Kindesmutter:[1]

Sehr geehrte Damen und Herren,

anliegendes Dokument übermitteln wir Ihnen

mit der Bitte um Öffnung und Kenntnisnahme.

Mit freundlichen Grüßen

i.A.

- Sekretariat -

Kanzlei Wohlsein

[1] 08.10.2020

2. Schreiben der Rechtsanwältin an die Kindesmutter:[2]

G. ./. A.

Sehr geehrte Kindesmutter,

in obiger Angelegenheit überreichen wir das Schreiben des Amtsgericht vom 06.10.2020 mit der Bitte um Kenntnisnahme und Komplettierung Ihrer Unterlagen.

Mit freundlichem Gruß

Rechtsanwältin

---

[2] 08.10.2020

3. <u>Schreiben des Gerichts an die Kanzlei „Wohlsein“:</u>[3]

Aktenzeichen

In der Familiensache

G. ./. A.

Wg. Unterhalt Kind

Sehr geehrte Damen und Herren Rechtsanwälte,

die Beteiligten werden darauf hingewiesen, dass das Gericht derzeit Bedenken hat, ob der Anspruch Erfolg haben kann. Es handelt sich um einen Ausgleichsanspruch für geleistete Ausgaben, die bisher nicht substantiiert beziffert worden sind.

Mit freundlichen Grüßen
Auf Anordnung

Justizsekretär
Dieses Schreiben wurde elektronisch erstellt und ist ohne Unterschrift gültig.

[3] 06.10.2020

4. <u>Schreiben der Kindesmutter an die Rechtsanwältin:</u>[4]

Sehr geehrte Frau Rechtsanwältin,

vielen Dank für die Überreichung des Schreibens des Amtsgerichts. Ich hoffe doch sehr, dass Sie in der Lage sein werden, die Bedenken des Gerichts fundiert zu zerstreuen.

Mit freundlichen Grüßen

Kindesmutter

P.S.:
Ladung und Verfügung des Amtsgerichts wurden mir soeben „förmlich" zugestellt.

---

[4] 08.10.2020

5. Schreiben der Kanzlei „Wohlsein“ an die Kindesmutter:[5]

Sehr geehrte Damen und Herren,

anliegendes Dokument übermitteln wir Ihnen

mit der Bitte um Öffnung und Kenntnisnahme.

Mit freundlichen Grüßen

i.A.

- Sekretariat -

Kanzlei Wohlsein

---

[5] 14.10.2020

6. Schreiben der Rechtsanwältin an die Kindesmutter:[6]

G. ./. A.

Sehr geehrte Kindesmutter,

in obiger Angelegenheit überreichen unseren Schriftsatz vom heutigen Tage mit der Bitte um Kenntnisnahme und Komplettierung Ihrer Unterlagen.

Mit freundlichem Gruß

Rechtsanwältin

---

[6] 14.10.2020

7. Schreiben der Kanzlei „Wohlsein“ an das Amtsgericht:[7]

In Sachen

G.

- Kanzlei „Wohlsein“ -

./.

A.

- Aktenzeichen -

wird auf den gerichtlichen Hinweis vom 06.10.2020 mitgeteilt, dass der geltend gemachte familienrechtliche Ausgleichsanspruch sich der Höhe nach auf den vom Antragsgegner geschuldeten und nicht geleisteten Mindest-Barunterhalt richtet. Der Mindestunterhalt gemäß der Düsseldorfer Tabelle war tituliert worden. Die Urkunde liegt dem Gericht vor.

Es wird gesetzlich vermutet, dass der Barbedarf in Höhe des Mindest-Unterhaltsanspruchs bestand und von dem, der das Kind betreut und versorgt hat, in dieser Höhe gedeckt wurde, also vorliegend durch die Antragstellerin. Sofern der Antragsgegner somit eine geringere Leistung und einen geringeren Aufwand behauptet, hat er die gesetzliche Vermutung zu entkräften (vgl. hierzu Wever

[7] 14.10.2020

„Vermögensauseinandersetzung der Ehegatten außerhalb des Güterrechts“, 7. Auflage, Randziffer 806; so auch OLG Frankfurt, FamRZ 2007, 909; OLG Frankfurt, FamRZ 2011, 227; OLG Düsseldorf, NJW-RR 1991, 1027, 1028).

Die Rechtsprechung zum familienrechtlichen Ausgleichsanspruch geht somit davon aus, dass in Höhe des Mindestunterhalts eine weitergehende Darlegungs- und Beweispflicht hinsichtlich der Verwendung des im Wege des Ausgleichsanspruches begehrten Erstattungsbetrages nicht besteht.

Die Rechtsanwälte der
„Kanzlei Wohlsein“
durch:

(Rechtsanwältin)

8. Schreiben der Kindesmutter an die Rechtsanwältin:[8]

Aktenzeichen

Sehr geehrte Frau Rechtsanwältin,

vielen Dank für die Zusendung Ihres Schriftsatzes an das Amtsgericht.

Möglicherweise wäre es zur Vermeidung weiterer Vorurteilsbehaftungen des Richters ebenfalls sinnvoll, das Gericht einmal auf den Sachverhalt hinzuweisen, dass einmal getätigte Handwerkerrechnungen in vorliegender Preisklasse nicht auf dem Prinzip spontaner Launenhaftigkeit basieren, sondern sowohl die Auftraggeberin zur Vergabe eines Auftrages im Vorhinein Kostenvoranschläge mehrerer Betriebe einzuholen hat und auch ein einmal beauftragter Handwerker nicht ad hoc zur Verfügung steht. Der von mir im vergangenen Kalenderjahr beauftragte Handwerker sagte mir beispielsweise eine Tätigkeit zu Ende Herbst / Anfang Winter 2019 zu, konnte mir der Arbeit jedoch krankheitsbedingt erst einige Monate später beginnen. Ich habe den Auftrag somit nicht deshalb vergeben, um "mutwillig" meinen Kontostand zu minimieren, sondern habe über zwei Jahre lang auf die Summe für den jahrelang im Voraus geplanten Scheunenausbau hingespart.

Mit freundlichen Grüßen

Kindesmutter

---

[8] 19.10.2020

9. <u>Schreiben des Gerichts an die Kindesmutter:</u>[9]

Aktenzeichen

In der Familiensache

G. ./. A.

wg. Unterhalt Kind
Umladung

Hinweis: Bitte bringen Sie diese Ladung und die frühere Ladung zum Termin mit!

Sehr geehrte Kindesmutter,

der Ihnen mitgeteilte Termin in diesem Verfahren am 10.11.2020, 12.00 Uhr, wurde verlegt.

Grund: Verhinderung des Antr.St./Klägervertreters

Sie brauchen daher zu diesem Termin n i c h t zu erscheinen.

Neuer Termin ist bestimmt worden auf:

Dienstag, 10.11.2020, 13.00 Uhr
Sitzungssaal, 1. OG, Straße

[9] 22.10.2020

Zu diesem Termin werden Sie hiermit geladen.
Bisher ergangene Anordnungen gelten fort.
Auf die in Ihrer letzten Ladung angegebenen Folgen im Falle Ihres Nichterscheinens wird ebenso ausdrücklich hingewiesen wie auf die beigefügte Abschrift der Terminsverlegungsverfügung.

Mit freundlichen Grüßen
Die Geschäftsstelle des Amtsgerichts

Justizsekretär
Dieses Schreiben wurde elektronisch erstellt und ist ohne Unterschrift gültig.

10. <u>Verfügung des Amtsgerichts:</u>[10]

Amtsgericht

Aktenzeichen

Verfügung

In Sachen

G. ./. A.
wg. Unterhalt Kind

1. Der Termin vom

   Wochentag und Datum
   Dienstag, 10.11.2020

   Uhrzeit
   12:00 Uhr

   Zimmer / Etage / Gebäude
   Sitzungssaal, 1. OG, Straße

[10] 21.10.2020

wird verlegt auf

Wochentag und Datum

Dienstag, 10.11.2020

Uhrzeit

13:00 Uhr

Zimmer / Etage / Gebäude

Sitzungssaal, 1. OG, Straße

Grund:

Verhinderung des Antr.St./Klägervertreters

2. Bisher ergangene Anordnungen gelten fort.

Direktor des Amtsgerichts

Beglaubigt:

(Dienstsiegel)

Justizsekretär

als Urkundsbeamter der Geschäftsstelle

11. Schreiben der Kanzlei „Wohlsein“ an die Kindesmutter:[11]

Sehr geehrte Damen und Herren,

anliegendes Dokument übermitteln wir Ihnen

mit der Bitte um Öffnung und Kenntnisnahme.

Mit freundlichen Grüßen

i.A.

- Sekretariat -

Kanzlei Wohlsein

---

[11] 28.10.2020

12. Schreiben des Rechtsanwalts an die Kindesmutter:[12]

G. ./. A.

Sehr geehrte Kindesmutter,

in obiger Angelegenheit überreichen wir die Umladung des Amtsgerichts vom 22.10.2020 mit der Bitte um Kenntnisnahme und Komplettierung Ihrer Unterlagen.
Wie Sie der Umladung entnehmen können, ist die Terminstunde von 12.00 Uhr auf **13.00 Uhr** verlegt worden.

Mit freundlichem Gruß
für die kanzleiabwesende RAin

Rechtsanwalt

---

[12] 28.10.2020

13. Schreiben des Gerichts an die Kanzlei „Wohlsein“:[13]

Aktenzeichen

In der Familiensache

G. ./. A.

wg. Unterhalt Kind
Umladung

Hinweis: Bitte bringen Sie diese Ladung und die frühere Ladung zum Termin mit!

Sehr geehrte Kindesmutter,

der Ihnen mitgeteilte Termin in diesem Verfahren am 10.11.2020, 12.00 Uhr, wurde verlegt.

Grund: Verhinderung des Antr.St./Klägervertreters

Sie brauchen daher zu diesem Termin n i c h t zu erscheinen.

Neuer Termin ist bestimmt worden auf:

Dienstag, 10.11.2020, 13.00 Uhr
Sitzungssaal, 1. OG, Straße

[13] 22.10.2020

Zu diesem Termin werden Sie hiermit geladen.
Bisher ergangene Anordnungen gelten fort.
Auf die in Ihrer letzten Ladung angegebenen Folgen im Falle Ihres Nichterscheinens wird ebenso ausdrücklich hingewiesen wie auf die beigefügte Abschrift der Terminsverlegungsverfügung.

Mit freundlichen Grüßen
Die Geschäftsstelle des Amtsgerichts

Justizsekretär
Dieses Schreiben wurde elektronisch erstellt und ist ohne Unterschrift gültig.

14. Verfügung des Amtsgerichts:[14]

Amtsgericht

Aktenzeichen

Verfügung

In Sachen

G. ./. A.
wg. Unterhalt Kind

1. Der Termin vom

   Wochentag und Datum
   Dienstag, 10.11.2020

   Uhrzeit
   12:00 Uhr

   Zimmer / Etage / Gebäude
   Sitzungssaal, 1. OG, Straße

---

[14] 21.10.2020

wird verlegt auf

Wochentag und Datum

Dienstag, 10.11.2020

Uhrzeit

13:00 Uhr

Zimmer / Etage / Gebäude

Sitzungssaal, 1. OG, Straße

Grund:

Verhinderung des Antr.St./Klägervertreters

2. Bisher ergangene Anordnungen gelten fort.

Direktor des Amtsgerichts

Beglaubigt:

(Dienstsiegel)

Justizsekretär

als Urkundsbeamter der Geschäftsstelle

15. Schreiben des Gerichts an die Kindesmutter“:[15]

Aktenzeichen

In der Familiensache

G. ./. A.

wg. Unterhalt Kind
Umladung

Hinweis: Bitte bringen Sie diese Ladung und die frühere Ladung zum Termin mit!

Sehr geehrte Kindesmutter,

der Ihnen mitgeteilte Termin in diesem Verfahren am 10.11.2020, 13.00 Uhr, wurde verlegt.

Grund: Verhinderung des Antr.Gegner/Beklagten

Sie brauchen daher zu diesem Termin n i c h t zu erscheinen.

Neuer Termin ist bestimmt worden auf:

Dienstag, 12.01.2021, 09.00 Uhr,

[15] 03.11.2020

Zu diesem Termin werden Sie hiermit geladen.
Bisher ergangene Anordnungen gelten fort.
Auf die in Ihrer letzten Ladung angegebenen Folgen im Falle Ihres Nichterscheinens wird ebenso ausdrücklich hingewiesen wie auf die beigefügte Abschrift der Terminsverlegungsverfügung.

Mit freundlichen Grüßen
Die Geschäftsstelle des Amtsgerichts

Justizsekretär
Dieses Schreiben wurde elektronisch erstellt und ist ohne Unterschrift gültig.

16. Verfügung des Amtsgerichts:[16]

Amtsgericht

Aktenzeichen

Verfügung

In Sachen

G. ./. A.
wg. Unterhalt Kind

1. Der Termin vom

   Wochentag und Datum
   Dienstag, 10.11.2020

   Uhrzeit
   13:00 Uhr

   Zimmer / Etage / Gebäude
   Sitzungssaal, 1. OG, Straße

[16] 03.11.2020

wird verlegt auf

Wochentag und Datum

Dienstag, 12.01.2021

Uhrzeit

09:00 Uhr

Zimmer / Etage / Gebäude

Grund:

Verhinderung des Antr.Gegner/Beklagten

2. Bisher ergangene Anordnungen gelten fort.

Direktor des Amtsgerichts

Beglaubigt:

(Dienstsiegel)

Justizsekretär

als Urkundsbeamter der Geschäftsstelle

17. Schreiben der Kindesmutter an die Rechtsanwältin:[17]

Sehr geehrte Frau Rechtsanwältin,

soeben wurden mir Ladung und Verfügung des Amtsgerichts „förmlich" zugestellt. Neuer Termin ist bestimmt worden auf:

Dienstag, 12.01.2021, 09.00 Uhr.

Leider wurde weder in der Ladung noch der Verfügung Gebäude / Etage / Zimmer angegeben.

Mit freundlichen Grüßen

Kindesmutter

[17] 04.11.2020

18. Schreiben der Kanzlei „Wohlsein“ an die Kindesmutter:[18]

Sehr geehrte Damen und Herren,

anliegendes Dokument übermitteln wir Ihnen

mit der Bitte um Öffnung und Kenntnisnahme.

Mit freundlichen Grüßen

i.A.

- Sekretariat -

Kanzlei Wohlsein

---

[18] 05.11.2020

19. Schreiben der Rechtsanwältin an die Kindesmutter:[19]

G. ./. A.

Sehr geehrte Kindesmutter,

in obiger Angelegenheit überreichen wir die Umladung des Amtsgerichts vom 03.11.2020 sowie unseren Schriftsatz vom heutigen Tage mit der Bitte um Kenntnisnahme und Komplettierung Ihrer Unterlagen.

Wir werden Sie selbstverständlich über den Fortgang informiert halten.

Mit freundlichem Gruß

Rechtsanwältin

[19] 05.11.2020

20. Schreiben der Kanzlei „Wohlsein“ an das Amtsgericht:[20]

In Sachen

G.

- Kanzlei „Wohlsein“ -

./.

A.

- Aktenzeichen -

müssen wir bedauerlicherweise um Verlegung des auf den 12.01.2021 verlegten Termins zur persönlichen Anhörung bitten.

Zur Begründung wird mitgeteilt, dass die Unterzeichnerin und alleinige Sachbearbeiterin an diesem Tag einen Termin vor dem entfernten Amtsgericht um 9.30 Uhr wahrzunehmen hat. Es wird vor diesem Hintergrund höflich um Verlegung des Termins gebeten. Darüber hinaus dürfen wir höflich darum bitten, die Terminstunde nach 11.00 Uhr anzusetzen, da die Unterzeichnerin aus der Ferne anreisen muss.

Die Rechtsanwälte der
„Kanzlei Wohlsein“
durch:

(Rechtsanwältin)

[20] 05.11.2020

21. Schreiben des Gerichts an die Kanzlei „Wohlsein“:[21]

Aktenzeichen

In der Familiensache

G. ./. A.

wg. Unterhalt Kind
Umladung

Hinweis: Bitte bringen Sie diese Ladung und die frühere Ladung zum Termin mit!

Sehr geehrte Damen und Herren Rechtsanwälte,

der Ihnen mitgeteilte Termin in diesem Verfahren am 10.11.2020, 13.00 Uhr, wurde verlegt.

Grund: Verhinderung des Antr.Gegner/Beklagten

Sie brauchen daher zu diesem Termin n i c h t zu erscheinen.

Neuer Termin ist bestimmt worden auf:

Dienstag, 12.01.2021, 09.00 Uhr,

[21] 03.11.2020

Zu diesem Termin werden Sie hiermit geladen.
Bisher ergangene Anordnungen gelten fort.
Auf die in Ihrer letzten Ladung angegebenen Folgen im Falle Ihres Nichterscheinens wird ebenso ausdrücklich hingewiesen wie auf die beigefügte Abschrift der Terminsverlegungsverfügung.

Mit freundlichen Grüßen
Die Geschäftsstelle des Amtsgerichts

Justizsekretär
Dieses Schreiben wurde elektronisch erstellt und ist ohne Unterschrift gültig.

22. Verfügung des Amtsgerichts:[22]

Amtsgericht

Aktenzeichen

Verfügung

In Sachen

G. ./. A.
wg. Unterhalt Kind

1. Der Termin vom

   Wochentag und Datum
   Dienstag, 10.11.2020

   Uhrzeit
   13:00 Uhr

   Zimmer / Etage / Gebäude
   Sitzungssaal, 1. OG, Straße

[22] 03.11.2020

wird verlegt auf

Wochentag und Datum

Dienstag, 12.01.2021

Uhrzeit

09:00 Uhr

Zimmer / Etage / Gebäude

Grund:

Verhinderung des Antr.Gegner/Beklagten

2. Bisher ergangene Anordnungen gelten fort.

Direktor des Amtsgerichts

Beglaubigt:

(Dienstsiegel)

Justizsekretär

als Urkundsbeamter der Geschäftsstelle

23. Schreiben des Gerichts an die Kindesmutter:[23]

Aktenzeichen

In Sachen

G. ./. A.

wg. Unterhalt Kind
Umladung

Hinweis: Bitte bringen Sie diese Ladung und die frühere Ladung zum Termin mit!

Sehr geehrte Kindesmutter,

der Ihnen mitgeteilte Termin in diesem Verfahren am 12.01.2021, 09.00 Uhr, wurde verlegt.

Grund: Auf Antrag des Antr.Gegners/Beklagtenvertreters

Sie brauchen daher zu diesem Termin n i c h t zu erscheinen.

Neuer Termin ist bestimmt worden auf:

Dienstag, 19.01.2021, 10.30 Uhr,
Sitzungssaal, 1. OG, Straße

[23] 03.12.2020

Zu diesem Termin werden Sie hiermit geladen.

Bisher ergangene Anordnungen gelten fort.

Auf die in Ihrer letzten Ladung angegebenen Folgen im Falle Ihres Nichterscheinens wird ebenso ausdrücklich hingewiesen wie auf die beigefügte Abschrift der Terminsverlegungsverfügung.

Mit freundlichen Grüßen
Die Geschäftsstelle des Amtsgerichts

Justizsekretär
Dieses Schreiben wurde elektronisch erstellt und ist ohne Unterschrift gültig.

24. Verfügung des Amtsgerichts:[24]

Amtsgericht

Aktenzeichen

Verfügung

In Sachen

G. ./. A.
wg. Unterhalt Kind

1. Der Termin vom

   Wochentag und Datum
   Dienstag, 12.01.2021

   Uhrzeit
   09:00 Uhr

   Zimmer / Etage / Gebäude
   Sitzungssaal, 1. OG, Straße

[24] 24.11.2020

wird verlegt auf

Wochentag und Datum

Dienstag, 19.01.2021

Uhrzeit

10:30 Uhr

Zimmer / Etage / Gebäude

Grund:

Auf Antrag des Antr.Gegners/Beklagtenvertreters

2. Bisher ergangene Anordnungen gelten fort.

Direktor des Amtsgerichts

Beglaubigt:

(Dienstsiegel)

Justizsekretär

als Urkundsbeamter der Geschäftsstelle

25. Schreiben der Kanzlei „Wohlsein“ an die Kindesmutter:[25]

Sehr geehrte Damen und Herren,

anliegendes Dokument übermitteln wir Ihnen

mit der Bitte um Öffnung und Kenntnisnahme.

Mit freundlichen Grüßen

i.A.

- Sekretariat -

Kanzlei Wohlsein

---

[25] 08.12.2020

26. Schreiben der Rechtsanwältin an die Kindesmutter:[26]

G. ./. A.

Sehr geehrte Kindesmutter,

in obiger Angelegenheit überreichen wir die Umladung des Amtsgerichts vom 03.12.2020 mit der Bitte um Kenntnisnahme und Komplettierung Ihrer Unterlagen.

Wie Sie der Umladung entnehmen können, findet der Termin nunmehr am

Dienstag, den 19.01.2021, 10.30 Uhr, Sitzungssaal statt.

Ihr persönliches Erscheinen ist weiterhin vom Gericht angeordnet.

Mit freundlichem Gruß

Rechtsanwältin

[26] 07.12.2020

27. Schreiben des Gerichts an die Kanzlei „Wohlsein“:[27]

Aktenzeichen

In Sachen

G. ./. A.

wg. Unterhalt Kind
Umladung

Hinweis: Bitte bringen Sie diese Ladung und die frühere Ladung zum Termin mit!

Sehr geehrte Damen und Herren Rechtsanwälte,

der Ihnen mitgeteilte Termin in diesem Verfahren am 12.01.2021, 09.00 Uhr, wurde verlegt.

Grund: Auf Antrag des Antr.Gegners/Beklagtenvertreters

Sie brauchen daher zu diesem Termin n i c h t zu erscheinen.

Neuer Termin ist bestimmt worden auf:

Dienstag, 19.01.2021, 10.30 Uhr,
Sitzungssaal, 1. OG, Straße

---

[27] 03.12.2020

Zu diesem Termin werden Sie hiermit geladen.

Bisher ergangene Anordnungen gelten fort.

Auf die in Ihrer letzten Ladung angegebenen Folgen im Falle Ihres Nichterscheinens wird ebenso ausdrücklich hingewiesen wie auf die beigefügte Abschrift der Terminsverlegungsverfügung.

Mit freundlichen Grüßen

Die Geschäftsstelle des Amtsgerichts

Justizsekretär

Dieses Schreiben wurde elektronisch erstellt und ist ohne Unterschrift gültig.

28. Verfügung des Amtsgerichts:[28]

Amtsgericht

Aktenzeichen

Verfügung

In Sachen

G. ./. A.
wg. Unterhalt Kind

1. Der Termin vom

   Wochentag und Datum
   Dienstag, 12.01.2021

   Uhrzeit
   09:00 Uhr

   Zimmer / Etage / Gebäude
   Sitzungssaal, 1. OG, Straße

[28] 24.11.2020

wird verlegt auf

Wochentag und Datum

Dienstag, 19.01.2021

Uhrzeit

10:30 Uhr

Zimmer / Etage / Gebäude

Grund:

Auf Antrag des Antr.Gegners/Beklagtenvertreters

2. Bisher ergangene Anordnungen gelten fort.

Direktor des Amtsgerichts

Beglaubigt:

(Dienstsiegel)

Justizsekretär

als Urkundsbeamter der Geschäftsstelle

II. Hinweisbeschluss:

1. Schreiben der Kanzlei „Wohlsein" an die Kindesmutter:[29]

Sehr geehrte Damen und Herren,

anliegendes Dokument übermitteln wir Ihnen

mit der Bitte um Öffnung und Kenntnisnahme.

Mit freundlichen Grüßen

i.A.

- Sekretariat -

Kanzlei Wohlsein

[29] 15.12.2020

2. Schreiben der Rechtsanwältin an die Kindesmutter:[30]

G. ./. A.

Sehr geehrte Kindesmutter,

in obiger Angelegenheit überreichen wir den Hinweisbeschluss des Amtsgerichts mit der Bitte um Kenntnisnahme und Rücksprache mit der Unterzeichnerin.

Mit freundlichem Gruß

Rechtsanwältin

---

[30] 15.12.2020

3. <u>Hinweisbeschluss des Amtsgerichts:</u>[31]

In der Familiensache

G.

- Antragstellerin –

Verfahrensbevollmächtigte: Kanzlei „Wohlsein“

gegen

A.

- Antragsgegner -

Verfahrensbevollmächtigte: Kanzlei „Pfennig“

Weitere Beteiligte:

Kinder

Jugendamt

wegen Kindesunterhalt

hat das Amtsgericht – Familiengericht – durch den Direktor des Amtsgerichts am 07.12.2020 beschlossen:

[31] 07.12.2020

1. In Vorbereitung des Termins vom 19.01.2021 weist das Gericht darauf hin, dass grundsätzlich die Vermutung besteht, dass der betreuende Elternteil den von dem anderen Elternteil geschuldeten Unterhalt für Zwecke des Kindes verwendet. Sollte der andere Elternteil dies bestreiten, wäre er darlegungs- und beweispflichtig.

   Insoweit kann die Rechtsauffassung des Antragsgegners nicht nachvollzogen werden.

2. Das Gericht hat die Sorgerechtsakte 2016 beigezogen. Dort wird im damaligen Schriftsatz vom 09.08.2016 des damals und heute Bevollmächtigten ausgeführt, dass die älteste Tochter am 09.06.2016 von zu Hause weggelaufen sei. Aus dem Schriftsatz wird weiter deutlich, dass in der Folgezeit kein Kontakt mehr zwischen der ältesten Tochter und der Antragstellerin bestand, sodass insoweit Bedenken bestehen, ob ab dem 09.06.2016 ein familienrechtlicher Ausgleichsanspruch besteht, weil die Vermutung, die Antragstellerin habe Aufwendung für die älteste Tochter getätigt, nicht mehr greifen dürfte.

3. Anhaltspunkte für eine Verjährung bzw. Verwirkung sieht das Gericht nicht.

4. Ausgehend von der Berechnung der Antragsforderung in der Antragsschrift wären demnach geschuldet für Januar 2016 21,00 €, für März bis Mai jeweils 355,00 € und für Juni 9/30 von 355,00 €, was 100,50 € entspricht. Insgesamt ergäbe sich hieraus eine Forderung von 1.186,50 €.

5. Die Beteiligten erhalten Gelegenheit zur Stellungnahme, ob eine vergleichsweise Regelung in Höhe des soeben ermittelten Betrages von 1.186,50 € erfolgen kann. Die Kosten wären gegebenenfalls zu quoteln.

   Sollte eine vergleichsweise Regelung nicht erfolgen können, wird der Antragstellerin aufgegeben, mitzuteilen, ob entsprechend ihrer Einlassung im oben genannten Sorgerechtsverfahren tatsächlich die älteste Tochter sich nach dem 09.06.2016 nicht mehr dauerhaft in ihrem Haushalt aufgehalten hat.

Direktor des Amtsgerichts

4. Schreiben der Kindesmutter an die Rechtsanwältin:[32]

Sehr geehrte Frau Rechtsanwältin,

den Hinweisbeschluss des Amtsgerichts habe ich zur Kenntnis genommen.

Hierzu möchte ich wie folgt wertschätzend Stellung beziehen:

- Die grundsätzliche Vermutung zu Punkt 1 des Gerichts ist begrüßenswert.
- Das Nichtnachvollziehen der Rechtsauffassung des Antragsgegners ebenso ...
- ... wie die Ansicht des Nichtvorliegens von Anhaltspunkten für eine Verjährung bzw. Verwirkung der Unterhaltsansprüche aus 2016.

Korrekturvorschläge habe ich hingegen zu folgenden Punkten vorzubringen:

- Ausgehend von der Berechnung der Antragsforderung in der Antragsschrift wären geschuldet für Januar 2016 21,00 €, für **Februar** (wurde in der Berechnung des Amtsgerichtsdirektors vergessen) bis Mai jeweils 355,00 € und für Juni 9/30 von 355,00 €, was **106,50 €** (statt 100,50 €) entspricht. Insgesamt ergäbe sich hieraus eine Forderung von **1.547,50 €** (statt 1.186,50 €).

[32] 15.12.2020

- Dementsprechend handelt es sich um einen ermittelten Betrag von **1.547,50 €** (statt der irrtümlich berechneten 1.186,50 €).
- Die Kosten wären nicht „gegebenenfalls zu quoteln“, sondern vollständig vom Antragsgegner zu tragen, da dieser den Kindesunterhalt seit 4 ½ (bzw. im Januar 2021 seit 5 Jahren) mutwillig schuldet.

Bitte teilen Sie mir diesbezüglich Ihre Sichtweise mit.

Würde bei einer vergleichsweisen Regelung der Termin am 19.01.2021 entfallen?

Mit freundlichen Grüßen

Kindesmutter

5. <u>Schreiben der Kindesmutter an die Rechtsanwältin:</u>[33]

Sehr geehrte Frau Rechtsanwältin,

die älteste Tochter wurde zwar von ihrem Vater bereits am 09.06.2016* von zu Hause „verschleppt", kehrte jedoch wegen angeordneter Inobhutnahme erst am 13.06.2020 in dessen ein.

Daher möchte ich folgende Korrektur nachträglich noch ergänzen:

- Ausgehend von der Berechnung der Antragsforderung in der Antragsschrift wären geschuldet für Januar 2016 21,00 €, für **Februar** bis Mai jeweils 355,00 € und **für Juni <u>13/30</u>** von 355,00 €, was **<u>153,83 €</u>** entspricht.
- Insgesamt ergäbe sich hieraus also eine Forderung von (21,00 € + 1.420,00 € + 153,83 € =) **<u>1.594,83 €</u>**.

Mit freundlichen Grüßen

Kindesmutter

[33] 16.12.2020

* obwohl dieser an einer für den 10.06.2016 anberaumten Gerichtsverhandlung wegen eines Darmkrebs-bedingten Krankenhausaufenthaltes angeblich nicht hätte teilnehmen können und sie daher anwaltlich absagen** ließ

** wie gleichsam der für den 10.11.2020 angeordnete Gerichtstermin wegen einer Reha-Maßnahme – nach Wirbelbruch aufgrund wiederholter epileptischer Anfälle – abgesagt wurde, welche bislang jedoch nicht einmal angetreten worden ist

6. Schreiben der Rechtsanwältin an die Kindesmutter:[34]

Sehr geehrte Kindesmutter,

in der Folge in der Sache Aktenzeichen überreiche ich in der Anlage einen Entwurf der hiesigen Stellungnahme.

Hintergrund des Hinweisbeschlusses des Gerichtes ist die Tatsache, dass Unterhalt nur für die Zeit verlangt werden kann, in der das Kind tatsächlich im Haushalt aufhältig ist und versorgt wird. Daher habe ich, wie Sie dem Schriftsatz entnehmen können, entsprechend argumentiert. Ob das Gericht der Argumentation folgen wird, bleibt abzuwarten.

Ich gehe davon aus, dass im Falle eines Vergleichsschlusses der Termin aufgehoben werden wird. Falls Sie einverstanden sind, würde ich mitteilen, dass dies in Ihrem Sinne wäre.

Ich bitte um Durchsicht des Schriftsatzentwurfes und Freigabe bei Gutbefund. Vielen Dank.

Mit freundlichen Grüßen

Rechtsanwältin

[34] 16.12.2020

7. Entwurf des Schreibens der Kanzlei „Wohlsein“ an das Amtsgericht:[35]

In Sachen

G.

- Kanzlei „Wohlsein“ -

./.

A.

- Aktenzeichen -

wird zu dem Hinweisbeschluss vom 07.12.2020 wie folgt Stellung genommen:

1. Die älteste Tochter verließ am 09.06.2016 den Haushalt der Antragstellerin, wurde zunächst in Obhut genommen, bis sie am 13.06. zum Antragsgegner in dessen Haushalt wechselte. Bis zu dem gerichtlichen Beschluss, in dem der endgültige Obhutwechsel zu September notiert wurde, rechnete die Antragstellerin stets mit der Rückkehr und traf entsprechende – auch finanzielle – Vorkehrungen.

[35] 16.12.2020

2. Ausgehend von den Hinweisen unter Z. 2 des Beschlusses wäre die Antragsforderung wie folgt zu berechnen:

   Januar 2016: 21,- €
   Februar – Mai 2016: 4 x 355,- € = 1.420,- €
   Juni 2016: 9/30 von 355,- € = 106,50 €
   Gesamtforderung: 1.547,50 €

   In diesem Rahmen wäre die Antragstellerin mit einem Vergleichsbeschluss einverstanden.

3. Mit der Quotelung der Kosten im Falle eines Vergleichsschlusses wäre die Antragstellerin einverstanden. Allerdings wäre nach hiesigen Dafürhalten zwingend zu berücksichtigen, dass der Antragsgegner sich seit fast fünf Jahren der Unterhaltspflicht für seine Kinder insbesondere der ältesten Tochter entzogen hat.

   Eine Kostenübernahme wäre nach hiesigem Dafürhalten aus Billigkeitsgründen über das Verhältnis Unterliegen/Obsiegen (i.e. 60 % ./. 40 %) hinausgehend i.H.v. 90 % zu beschließen.

Die Rechtsanwälte der
„Kanzlei Wohlsein"
durch:

(Rechtsanwältin)

8. Schreiben der Kindesmutter an die Rechtsanwältin:[36]

Sehr geehrte Frau Rechtsanwältin,

vielen Dank für die Überreichung des Entwurfs der Stellungnahme. Auf Blatt 2 unter Punkt 3 müsste noch korrigiert werden: "aus hiesige**m** Dafürhalten".

Gerne können Sie mitteilen, dass es in meinem Sinne wäre, den Termin im Falle eines Vergleichsbeschlusses aufzuheben. Ansonsten gebe ich den Schriftsatzentwurf hiermit frei.

Mit freundlichen Grüßen

Kindesmutter

---

[36] 17.12.2020

9. <u>Schreiben der Kanzlei „Wohlsein“ an die Kindesmutter:</u>[37]

Aktenzeichen

Sehr geehrte Damen und Herren,

anliegendes Dokument übermitteln wir Ihnen

mit der Bitte um Öffnung und Kenntnisnahme.

Mit freundlichen Grüßen

- Sekretariat -

Kanzlei Wohlsein

[37] 18.12.2020

10. Schreiben der Rechtsanwältin an die Kindesmutter:[38]

G. ./. A.

Sehr geehrte Kindesmutter,

in obiger Angelegenheit überreichen wir unseren Schriftsatz vom 17.12.2020 mit der Bitte um Kenntnisnahme und Komplettierung Ihrer Unterlagen.

Über den weiteren Vorgang werden wir Sie selbstverständlich informiert halten.

Mit freundlichem Gruß

Rechtsanwältin

---

[38] 18.12.2020

11. Schreibens der Kanzlei „Wohlsein“ an das Amtsgericht:[39]

In Sachen

G.

- Kanzlei „Wohlsein“ -

./.

A.

- Aktenzeichen -

wird zu dem Hinweisbeschluss vom 07.12.2020 wie folgt Stellung genommen:

1. Die älteste Tochter verließ am 09.06.2016 den Haushalt der Antragstellerin, wurde zunächst in Obhut genommen, bis sie am 13.06. zum Antragsgegner in dessen Haushalt wechselte. Bis zu dem gerichtlichen Beschluss, in dem der endgültige Obhutwechsel zu September notiert wurde, rechnete die Antragstellerin stets mit der Rückkehr und traf entsprechende – auch finanzielle – Vorkehrungen.

[39] 17.12.2020

2. Ausgehend von den Hinweisen unter Z. 2 des Beschlusses wäre die Antragsforderung wie folgt zu berechnen:

Januar 2016:	21,00 €
Februar – Mai 2016: 4 x 355,- € =	1.420,00 €
Juni 2016: 9/30 von 355,- € =	106,50 €
Gesamtforderung:	**1.547,50 €**

In diesem Rahmen wäre die Antragstellerin mit einem Vergleichsbeschluss einverstanden.

3. Mit der Quotelung der Kosten im Falle eines Vergleichsschlusses wäre die Antragstellerin einverstanden. Allerdings wäre nach hiesigem Dafürhalten zwingend zu berücksichtigen, dass der Antragsgegner sich seit fast fünf Jahren der Unterhaltspflicht für seine Kinder insbesondere der ältesten Tochter entzogen hat.

   Eine Kostenübernahme wäre nach hiesigem Dafürhalten aus Billigkeitsgründen über das Verhältnis Unterliegen/Obsiegen (i.e. 60 % ./. 40 %) hinausgehend i.H.v. 90 % zu beschließen.

Die Rechtsanwälte der
„Kanzlei Wohlsein“
durch:

(Rechtsanwältin)

12. Schreiben der Kindesmutter an die Rechtsanwältin:[40]

Sehr geehrte Frau Rechtsanwältin,

vielen Dank für die Überreichung des Schriftsatzes.

Können Sie dem Gericht noch mitteilen, dass der Termin im Falle eines Vergleichsbeschlusses gerne aufzuheben wäre?

Mit freundlichen Grüßen

Kindesmutter

[40] 18.12.2020

Printed by Books on Demand GmbH, Norderstedt / Germany